# 创业培训标准

（试行）

人力资源社会保障部职业能力建设司　指导

中 国 就 业 培 训 技 术 指 导 中 心　编制

中国劳动社会保障出版社

**图书在版编目(CIP)数据**

创业培训标准：试行/人力资源社会保障部职业能力建设司指导，中国就业培训技术指导中心编制. -- 北京：中国劳动社会保障出版社，2019

ISBN 978-7-5167-3708-8

Ⅰ. ①创… Ⅱ. ①人…②中… Ⅲ. ①创业-技术培训-标准 Ⅳ. ①F241. 4-65

中国版本图书馆 CIP 数据核字(2018)第 288864 号

**中国劳动社会保障出版社出版发行**

(北京市惠新东街 1 号 邮政编码：100029)

*

北京市艺辉印刷有限公司印刷装订 新华书店经销

787 毫米×1092 毫米 16 开本 1.5 印张 23 千字

2019 年 1 月第 1 版 2023 年12月第 3 次印刷

**定价：10.00 元**

营销中心电话：400-606-6496

出版社网址：http://www.class.com.cn

# 目　录

# 中国就业培训技术指导中心

中就培发〔2018〕2号

## 关于印发《创业培训标准（试行）》的通知

各省、自治区、直辖市及新疆生产建设兵团人力资源社会保障厅（局）创业培训工作主管部门：

为深入贯彻党的十九大精神，全面落实国务院《关于做好当前和今后一段时期就业创业工作的意见》（国发〔2017〕28号）和《人力资源社会保障部办公厅关于进一步推进创业培训工作的指导意见》（人社厅发〔2015〕197号）等文件要求，在总结“双创”工作成果和创业培训经验基础上，制定《创业培训标准（试行）》，经与职业能力建设司认真研究，并报请我部领导同意，现印发试行。

各地人力资源社会保障部门要结合本地实际参照执行，从而有效引导和规范创业培训的课程开发、培训组织、师资培养和培训机构管理等工作，从而整体提高创业培训质量和水平，加快推动创业培训工作持续健康发展，积极促进创业带动就业。

中国就业培训技术指导中心

2018年12月7日

# 引　言

创业培训是面向具有创业意愿的劳动者或中小微型企业的经营管理者进行的激发创业意识、培养创新精神、普及创业知识、提升创业能力的培训活动和指导服务，是推动大众创业万众创新、实现创业带动就业、促进经济增长的重要手段。目前，全国已基本建立培训主体多元、培训模式多样、覆盖创业活动不同阶段的创业培训体系，形成政府激励引导、社会广泛参与、劳动者自主选择的培训机制。为加快推进创业培训工作持续健康发展，特制定并试行创业培训标准。

（一）标准制定目标

1. 规范指导创业培训工作良性发展。通过标准，对创业培训的课程内容和教学组织行为提出指导意见，鼓励更多优质资源参照标准，规范组织课程开发、师资培养、培训机构选择等各类资源建设工作，科学开展创业培训，让创业者真正受益，并确保资金使用有效。

2. 引导更多优质资源参与创业培训。为创业培训项目（或课程）的立项开发、推广评估提供评价导向和指导性依据，从而鼓励各地通过引进吸收、自主开发等方式发掘好课程，经试点总结完善后加以推广。

3. 完善创业培训技术标准体系。如下图所示，标准给出宏观指导，在标准统领下，各创业培训项目再制定相适应的“项目组织实施规程”，对本项目的教学大纲、教材开发、师资培养与管理、机构选择与管理、培训监督与评估等工作给予具体要求。创业培训的组织者和师资应遵循“项目组织实施规程”具体开展教学活动。从创业培训标准到各项目组织实施规程，进一步完善创业培训技术标准体系。

（二）标准核心内容

标准包括创业培训概述、创业培训知识和能力要素、创业培训组织实施要

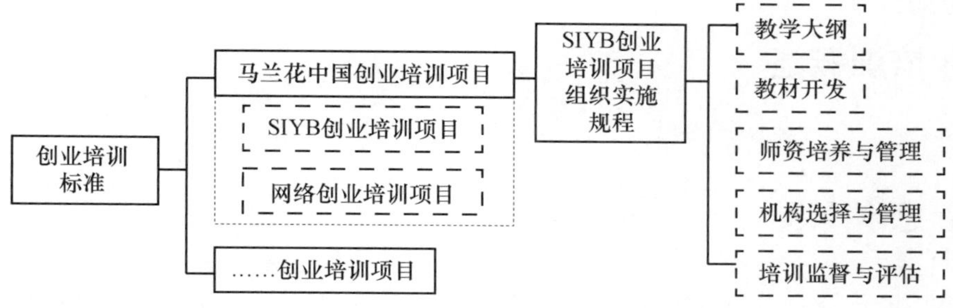


求以及附例四个部分。

1. 创业培训概述。主要明确创业培训总体目标、直接目标、创业培训原则和创业培训核心内容。

2. 创业培训知识和能力要素。主要根据创业认知、创业准备、企业运营三个创业阶段对培训内容进行详尽阐述，符合创业者成长发展的普遍规律。每个阶段分别从培训对象、培训目标、培训内容与学习要点、培训学时等几方面进行阐述，具有较强的针对性和实用性，体现了以创业者为本的理念。

3. 创业培训组织实施要求。主要从培训参与主体、培训形式和方法、培训过程管理和培训效果评估四个方面对创业培训组织实施活动进行规范要求，涵盖创业培训全过程，体现创业培训精细化、精准化发展的趋势和需求。

4. 附例。主要以人力资源社会保障部开展的马兰花中国创业培训项目中的“创办你的企业（Start Your Business，SYB）”示范培训课程为例，从知识和能力要素、培训组织实施要求两个方面系统解读如何理解和对照本标准。

# 一、创业培训概述

## （一）总体目标

深入推进大众创业、万众创新，培育全社会创业创新文化，推动中小微型企业创新发展，创造更多就业机会，促进国民经济持续、稳定增长。

## （二）直接目标

1. 培养劳动者创业创新思维，提高劳动者创业综合素质，帮助劳动者学会识别市场机会，完成创业构思和创业计划，掌握企业经营管理必备知识，全面增强创业竞争力。

2. 帮助中小微型企业主构建基本的企业经营管理体系，提升中小微型企业主市场趋势分析预判能力、品牌建设及企业战略规划能力，改善企业经营，加速企业成长。

## （三）创业培训原则

### 1. 以创业需求为导向，面向全体，分类培训

创业培训应尊重创业创新规律，以切实解决创业者和中小微型企业主面临的各类创业问题和实际的培训需求为导向，根据创业不同阶段、不同业态及不同培训对象，提供有针对性的培训课程和后续指导服务。

### 2. 以培训效果为目的，完善体系，强化指导

注重创业培训的实效性、连续性和系统性，加强创业培训质量管理与效果评估体系建设，强化创业培训后的创业实践指导，实现创业培训和创业服务有效衔接、统筹发展。

### 3. 以培训技术为驱动， 模式创新， 资源共享

创业培训要释放各类培训主体创新活力，把握市场发展趋势，有效利用新技术、新资源，不断创新创业培训模式。依托大数据、云计算、物联网等技术应用平台，加强创业培训资源开放共享。

### 4. 以培训机构为载体， 多方参与， 激发活力

鼓励和引导社会力量参与创业培训，培育政府主导规范、社会积极参与的多元化创业培训载体，吸纳优势资源，完善竞争机制，增强发展活力。

## （四）创业培训核心内容

### 1. 培养创业创新精神

通过创业培训，培养劳动者创新思维，挑战自我、坚持不懈的精神品质，诚信守法、公平竞争的商业素养，以及创造价值、服务社会的企业责任和科学的创业观。

### 2. 培训企业开办及经营管理知识

通过创业培训，帮助学员掌握创业创新思维方法和企业开办、经营管理所需要的理论知识，培养学员系统化创业思维能力。

### 3. 提升创业综合素质和实践能力

通过创业培训，帮助学员系统提升识别商机、确定创业项目、制订创业（企业）计划、改善企业经营管理的能力。

## 二、创业培训知识和能力要素

本标准根据创业和企业发展的三个不同阶段，将创业培训知识和能力要素按照创业认知、创业准备、企业运营进行界定。不同创业培训项目（或课程）可根据对应阶段，确定培训内容、学习要点和培训学时。鼓励探索与区域特色资源、战略性新兴产业以及行业技能等相结合的创业培训项目（或课程）。

### （一）创业认知

#### 1. 培训对象

本阶段创业培训主要适合具有创业意愿，但尚未有具体创业项目构思的潜在创业者。

#### 2. 培训目标

（1）掌握创业认知阶段所需要的基础知识，了解不同创业阶段的发展要素和企业内涵；

（2）认知创业者应该具有的素质和能力，客观评估自己的创业能力和创业资源；

（3）运用发现及筛选创业项目的方法，提高识别商机的能力，并能产生和筛选适合自己的创业项目；

（4）激发学员的创业意识、创业热情，培养学员的创新思维及创业精神。

#### 3. 培训内容与学习要点

（1）创业与创业精神。学习要点包括：创业的本质与创业要素、创业的阶段、企业类型及成功要素、科学的创业观、创新思维、创新创业精神。

（2）识别商机。学习要点包括：创业面临的机遇与挑战、商机的类型与特征、创新的方法与工具、商机识别。

（3）评估创业能力和条件。学习要点包括：评估创业能力（素质、技能、资源）的要素，评估创业能力，创业能力提升方案。

（4）论证创业项目。学习要点包括：创业项目产生的方法、创业项目筛选的工具、创业项目的评估方法、创业项目的风险防范。

**4. 培训学时**

每学时 45 分钟，不少于 24 学时。

## （二）创业准备

**1. 培训对象**

本阶段创业培训主要适合具有创业意愿，且已有具体创业项目构思的潜在创业者。

**2. 培训目标**

（1）掌握创业准备阶段所需要的基本理论和知识；

（2）了解创业准备的一般步骤，掌握构建商业模式的要素，能够撰写完成，并明确管理新企业的关键工作；

（3）培养学员系统思考的能力、制订计划的能力，提升学员创业素质和创业能力；

（4）帮助学员树立科学的创业观，培养学员诚信、守法、合作、创新等创业品质。

**3. 培训内容与学习要点**

（1）构建商业模式。学习要点包括：产品（服务）创新性、评估市场、产品市场化分析、制订市场营销计划、组建创业团队、财务规划、风险评估。

（2）撰写创业计划书。学习要点包括：创业计划书的重要性、创业计划书的内容、创业计划书的编写步骤、创业计划书编写的注意事项。

（3）评估创业计划书。学习要点包括：企业愿景与团队创业能力、项目技术创新水平和成熟度、产品市场需求和容量、产品市场定位和竞争力、商业模式可行性和创新性、财务计划与经济社会效益。

（4）筹办企业（企业责任/法律环境/依法经营）。学习要点包括：企业组织形式、企业法律环境与责任、企业风险防范、初创企业管理。

#### 4. 培训学时

每学时 45 分钟，不少于 56 学时。

### （三）企业运营

#### 1. 培训对象

本阶段创业培训主要适合已经创办企业并实际运营（通常在 6 个月以上）的企业主。

#### 2. 培训目标

（1）掌握企业经营管理所需要的基本知识，建立以企业可持续发展为目标的基本企业管理体系；

（2）掌握建立企业基本管理体系的方法，提升企业主的自我诊断和企业经营管理能力；

（3）提升管理理念，启迪商业模式创新，培养企业主社会责任感和企业家精神。

#### 3. 培训内容与学习要点

（1）市场营销管理。学习要点包括：市场调研、市场分析、竞争力分析与竞争战略、产品策略、价格策略、渠道策略、促销策略、市场营销控制管理。

（2）生产管理。学习要点包括：流程管理、竞争力和生产率、产品和服务设计质量管理、质量控制。

（3）供应链管理。学习要点包括：采购与存货管理原则、供应商管理、采购步骤、供应链的供给和需求计划、供应链库存的计划和管理、企业资源计划、供应链的定价和收入管理。

（4）人力资源管理。学习要点包括：组织文化、组织结构、岗位职责、员工招聘、员工培训、绩效管理、薪酬管理、员工安全与健康。

（5）财务管理。学习要点包括：成本核算、现金流管理、财务报告（损益表、现金流量表、资产负债表）、融资渠道。

（6）品牌建设。学习要点包括：品牌定位、品牌资产、客户拓展、媒介管理、口碑管理、品牌策略。

（7）战略管理。学习要点包括：企业发展环境分析、企业使命与战略目标、企业战略选择、战略与组织结构、战略控制。

（8）商业模式创新。学习要点包括：创新思维、创新方法、创新工具、创新成果验证。

**4. 培训学时**

每学时 45 分钟，不少于 56 学时。

## 三、创业培训组织实施要求

创业培训的组织实施是培训参与主体通过适当的培训形式和方法实现培训效果的过程，主要包括培训参与主体、培训形式和方法、培训过程管理和培训效果评估四个方面。

### （一）培训参与主体

创业培训参与主体是指直接参与创业培训组织实施的人员和机构，一般包括学员、创业培训的管理者和组织实施者、培训师资。一个培训参与主体可以承担多个角色和职能。

#### 1. 学员

学员应覆盖所有具有创业意愿和培训需求的潜在创业者和创业者。符合条件的学员可以享受相关创业培训补贴政策。各创业培训项目（或课程）应在组织实施规程中对本项目（或课程）所适用的培训学员有具体、明确要求和描述，如针对不同创业阶段或不同创业群体。

#### 2. 培训的管理者和组织实施者

创业培训的管理者是具备相关资质，对所开展的创业培训项目（或课程）开发、管理、监督评估的机构。培训的管理者应制定所开展项目的组织实施规程，对培训活动进行管理，对培训组织实施和培训效果等进行监督和评估。培训组织实施者是按照项目组织实施规程开展创业培训活动的机构，具体承担制订培训计划、安排师资、组织学员、开班筹备、跟班服务、组织结业、全程监督评估、提供后续指导服务等任务。项目组织实施规程中应对培训实施者有具体明确的选用条件、选用流程和工作规范。

#### 3. 培训师资

创业培训师资应具备相关职业素养和能力，最好具有企业管理经验或创业经历。各创业培训项目应在组织实施规程中对培训师资的产生条件、选用流程、选用标准有明确的规定，并且要有师资的培训和管理办法。创业培训师资应严格按照所参与项目的组织实施规程开展创业培训和指导。

此外，部分创业培训项目（或课程）根据教学内容和技术要求，需要由组织实施者以外的技术支持方提供辅助教学的专业技术支持。需要技术支持方的创业培训项目（或课程）应在本项目的组织实施规程中对技术支持方的选用条件及流程，服务管理及评估有明确要求。

### （二）培训形式和方法

根据培训对象、培训目标的实际需求，鼓励采取多种培训形式和方法。注重培训形式和教学方法的科学性、有效性和适用性，确保以学员为中心，为教学目标和内容服务。各创业培训项目（或课程）应在组织实施规程中详尽阐述培训形式和方法。

#### 1. 培训形式

（1）课堂教学。鼓励小班制、互动式教学，倡导以能力建设为导向，坚持理论与实践相融合的培训理念，让学员在培训中完成真实创业任务训练。明确培训人数、场地布置、设施设备、教材教具等要求。鼓励融入沙盘演练、仿真平台训练、现场观摩等形式，提升培训效果。

（2）在线培训。通过微课、慕课、直播等形式，为学员提供在线学习和交流互动的平台。可针对不同培训对象、创业阶段等特点，提供个性化学习体验服务。完善在线培训平台建设，实现学习申请、问卷调查、培训管理、考核评估、资源共享、远程竞赛路演等功能。鼓励探索翻转课堂等线上线下培训相融合的培训形式。

（3）创业实训。充分利用创业孵化园、众创空间、创业见习基地等服务载体，开展创业实训或创业见习，帮助学员完成创业实践。鼓励服务载体安排创业培训师资或创业导师，对学员在完成创业实训或创业见习过程中给予相应的跟踪和指导，并对创业实训或创业见习效果进行记录和评估。

### 2. 培训方法

创业培训应遵循成人教学原理，采用参与式培训方法，包括讲授、示范、练习、分组讨论、案例分析、角色扮演、头脑风暴、工作坊、模拟训练、游戏体验等。鼓励探索更多有效的适用于不同培训形式的培训方法。

## （三）培训过程管理

创业培训的过程管理一般包括培训对象选择、培训需求分析、培训教学组织、后续指导服务。各创业培训项目（或课程）的组织实施规程都应对培训过程管理有具体明确的要求，主要包括：

### 1. 培训对象选择

创业培训组织者通过标准流程和测评工具对潜在培训对象的创业意愿、创业资源条件、创业阶段或企业状态进行客观、有效的分析，最终准确筛选出真正符合所开展的创业培训项目（或课程）条件的学员，提供相应培训课程，从而确保培训质量和效果。

### 2. 培训需求分析

培训组织者和培训师资在培训实施前根据标准工具或通过信息技术，获取并分析学员创业真实状态和对培训预期效果。培训组织者和培训师资应充分重视培训需求分析，通过分析结果完善教学计划、保障服务和后续指导，从而提高培训满意度。

### 3. 培训教学组织

培训组织者在筹备和组织创业培训时所开展的具体工作，包括制订培训计划，安排教学场地（或班次），确定师资，制定预算，准备设备、教材、教具，实施教学，后勤保障服务，培训考核，培训班结业，信息收集整理和报送等。

#### 4. 后续指导服务

后续指导服务是指培训组织者和培训师资在培训结束后，为使培训效果最大化，获得持续、稳定的学员满意度，而开展的各项后续活动。后续指导服务一般以培训课程知识巩固和应用实践指导为主，并对学员的培训后创业或企业经营情况进行定期回访。有条件的培训组织者可以为学员提供开业指导和创业服务资源对接服务。

### （四）培训效果评估

培训效果评估是在培训全程收集培训信息数据的基础上，按照培训标准和相应指标，对培训的整体满意度、项目适用性和最终结果进行测评。培训效果评估可以不断促进创业培训项目（或课程）的优化与改进。创业培训效果评估从多方面、多层次进行，可以分为反应评估、学习评估、行为评估、结果评估四个方面。各创业培训项目（或课程）的组织实施规程都应对培训效果评估有明确要求。

#### 1. 反应评估

通过反应评估了解学员对创业培训项目（或课程）的主观感受，包括对培训内容、培训设施（平台）、培训师资、培训方法和保障服务的满意程度。反应评估可以在培训中和培训后通过学员问卷调查或座谈交流等方式进行，也可以通过信息技术收集学员课程反馈信息。

#### 2. 学习评估

通过学习评估了解学员在知识、技能、态度、行为方面的收获。此项可以用认知成果来衡量学员对创业培训项目（或课程）应知应会内容的熟悉程度。学习评估可利用理论知识测试、实践任务评定、创业计划书评估等方式进行。

#### 3. 行为评估

通过行为评估评测学员在培训中所学到的知识技能的转化程度，即学员培训后的创业或企业经营行为是否得到有效改善，一般包括知识技能在实践过程中应用、创办企业及经营管理能力提升程度等，可以在对学员的后续跟踪指导过程中通过观察、访谈、问卷等方式进行评估。

**4. 结果评估**

结果评估是对创业培训后学员产品（或服务）创新成果、创业能力是否提升、能否实现创业、企业经营绩效能否改善等方面的评价，一般以培训后企业创办率、企业稳定率及企业改善扩大绩效为主要指标，并通过访谈、问卷调查、统计调查、信息数据比对分析等形式开展。有条件的培训项目（或课程）可以设定创业培训工作成果、学员创业就业素质能力提升等多层次的结果评估指标。

## 四、附例

本部分主要以人力资源社会保障部开展的马兰花中国创业项目中的“创办你的企业”培训课程为例，从知识和能力要素、培训组织实施要求两个方面对照标准。

“创办你的企业”培训课程前身是国际劳工组织开发的“创办和改善你的企业（Start and Improve Your Business，SIYB）”培训项目系列课程之一。该培训项目针对创办和经营企业的不同阶段开发四个课程模块：

—“产生你的企业想法”（Generate Your Business Idea，GYB）

—“创办你的企业”（Start Your Business，SYB）

—“改善你的企业”（Improve Your Business，IYB）

—“扩大你的企业”（Expand Your Business，EYB）

按照标准要求，“创办和改善你的企业”培训项目在实际推广中应制定本项目的组织实施规程。

### （一）创业培训知识和能力要素

“创办你的企业”培训课程对应的是本标准的知识和能力要素中的创业准备阶段。

#### 1. 培训对象

本课程主要适合具有创业意愿，且已形成具体创业项目构思的潜在创业者。

#### 2. 培训目标

通过八步的学习使学员知道如何将自己的企业构思变成一个具有可行性的创业计划书，并了解和掌握创办一家微小型企业所需的基本知识和技能。

#### 3. 培训内容与学习要点

（1）评估你的市场：了解你的顾客、了解你的竞争对手、制订你的市场营销计划、预测你的销售量。

（2）企业的人员组织：企业的人员组成、确定岗位职责、设计组织结构、企业员工招聘。

（3）选择你的企业法律形态：什么是企业法律形态、小微企业常见的法律形态及特点、选择合适的企业法律形态。

（4）了解企业的法律环境和责任：了解企业的法律环境、明确承担的企业责任、选择企业的商业保险。

（5）预测你的启动资金：启动资金的分类、投资预测、流动资金预测。

（6）制订你的利润计划：制定销售价格、预测销售收入、制订销售与成本计划、制订现金流量计划、资金来源。

（7）判断你的企业能否生存：完成你的创业计划书、创办企业的决定、制订开办企业的行动计划。

（8）开办你的企业：了解企业日常活动、建立企业开办和经营管理意识。

#### 4. 培训学时

每学时 45 分钟，共计 56 学时。

### （二）创业培训组织实施要求

#### 1. 参与培训主体

（1）学员。主要面向有创业意愿，且已有具体创业项目构思的潜在创业者。特别是高校毕业生、农村转移劳动力、复转军人等就业困难群体。

（2）培训管理者和组织实施者。各地人力资源社会保障系统创业培训主管部门为该项目的培训管理者，按照项目组织实施规程要求的条件和流程选择创业培训机构作为组织实施者，并对培训全程监督评估。创业培训机构应按照组织实施规程，具体承担制订培训计划、组织学员、开班筹备、跟班服务、组织结业、全程监督评估、提供后续指导服务等任务。

（3）培训师资。“创办你的企业”培训课程的培训师资是参加由人力资源社会保障部门统一组织的“创办你的企业”培训课程师资培训，并通过考核的人员。培训师资应严格按照该项目组织实施规程开展创业培训和指导。

**2. 培训形式和方法**

“创办你的企业”培训采取小班课堂教学，每班不超过 30 人。教学采用全程互动式参与、沙盘演练和讲授、示范、练习，以及分组讨论、案例分析、角色扮演等多种培训方法。

**3. 培训过程管理**

（1）课程推介。通过线上、线下的各种有效宣传推介方式，向潜在的培训目标群体推介“创办你的企业”培训，从而吸引其关注并产生参加培训的意愿。

（2）选择并确定学员。课程推介后，培训机构利用《学员入学登记表》等专业工具表单，根据选择学员的标准和流程，结合潜在培训对象的培训意愿和创业能力，筛选出能够从“创办你的企业”培训中受益的群体。

“创办你的企业”选择学员标准：

1）有强烈的创业意愿，并有具体创业项目构思，准备创办企业；

2）具备参加培训的条件（如基本的读写计算能力）；

3）全程参与培训的时间保障。

（3）培训需求分析。培训师资通过面试及培训需求调查问卷，分析学员的培训目标和需求，从而更有针对性的设计课程，制订教学计划。同时，培训师资应与培训机构及时沟通，确保培训组织和后勤保障提供相应服务。

（4）培训教学组织

1）场地设备：便于移动的桌椅呈“U”字形摆放，投影仪、幕布、白板、话筒、笔记本电脑等；

2）教具教材：学员每人一套《创办你的企业》教材（中国劳动社会保障出版社 2017 年出版的《创办你的企业：创业计划培训册（第二版）》），每班一套《创办和改善你的企业游戏模块包》，教具按照标准物料清单准备。

3）师资安排：每班由两名“创办你的企业”认证师资共同授课。

4）培训考核：对于违反考勤要求的学员建议取消考试机会。考核时要求每位学员提交自己项目的《创业计划书》。通过考核的学员可获得“创办你的企业”培训合格证书。

（5）后续指导服务。培训结束后，为使培训效果最大化，并取得持续稳定的学员满意度，培训机构和培训师资将对学员开展后续指导服务，包括：

1）为学员提供企业诊室、改善企业小组、个人咨询等后续支持服务，促进学员理论向实践的转化；

2）组织创业沙龙、创业大讲堂等活动；推荐学员参加适用的其他创业培训课程；为学员对接或提供孵化、融资等各类创业服务。

### 4. 质量控制及效果评估

为保证培训开展的质量和效果，培训主体需要利用专门的工具表单进行涵盖培训前、培训中和培训后全过程的监督与评估。“创办你的企业”课程培训效果评估包括反应评估、学习评估、行为评估、结果评估四个方面。

（1）反应评估。培训中通过每日意见反馈表、期末评估表等工具表单以及日常的观察、沟通收集学员对培训内容、培训形式、培训保障等方面的理解和反馈。

（2）学习评估。为了解学员在态度、知识、技能、行为方面的收获，撰写《创业计划书》和《行动计划》，以及培训结业总结等进行学员学习效果的评估。

（3）行为评估。评测学员在培训中所学到的知识技能的转化程度，以及在创业和企业经营实践中的应用两个方面，通过提供电话回访、实地走访、重点学员案例收集等形式，评测学员在培训中所学到的知识技能的转化应用程度，并通过创业培训后续支持服务活动报告的填写来完成行为评估。

（4）结果评估。创业培训班的结果评估是各地人力资源社会保障部门创业培训管理机构采取的最终评估方式，一般在学员培训后一年内通过访谈、问卷、数据调查等形式收集学员创新创业能力提升程度、企业创办率、用工人数、企业稳定率、企业财务状况等相关指标，经分析评估，得出创业培训的实际效果。

# 《创业培训标准（试行）》内容框架图

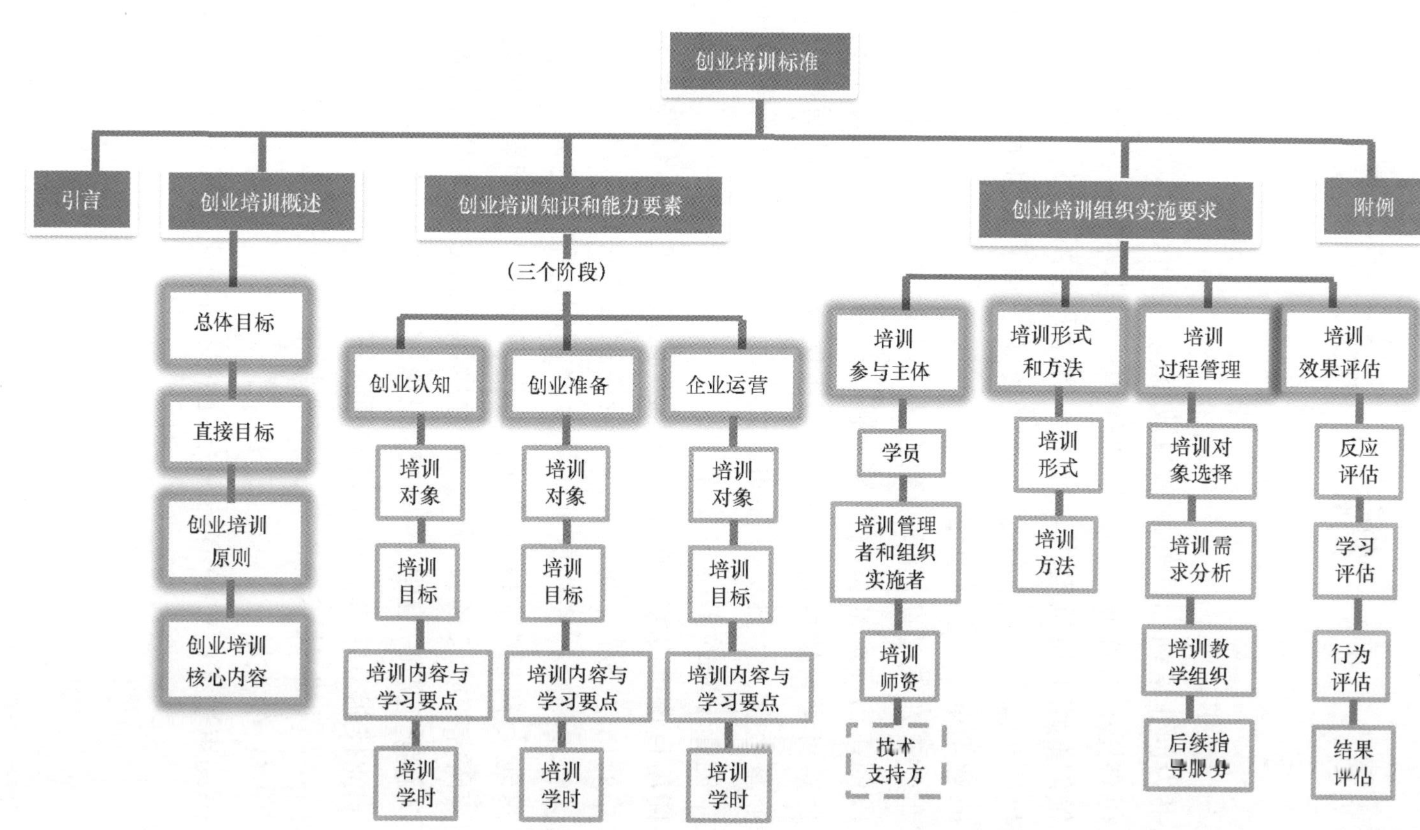

# 编　后　记

本书为创业培训标准开发项目成果。该项目由人力资源社会保障部职业能力建设司委托中国就业培训技术指导中心组织开发。考虑到创业培训标准将规范和引领创业培训持续健康发展，在组建开发团队时，充分吸收来自政府、社会培训机构、高校、相关公益组织的专家，以及创业培训师资和创业者加入，确保听取意见全面，整合经验丰富。

感谢项目开发团队，包括贺东亮、王建霞、刘凌、盛江华、冯卓等同志，共同完成创业培训标准撰稿工作。感谢北京劳动服务管理中心、上海就业促进中心、北京万学科技教育集团、北京正保育才教育科技有限公司、上海大学生科技创业基金会、华普亿方集团、北京航空航天大学创业教育中心、山东青岛海洋大学创业学院的参与和支持。

感谢项目评审专家，包括上海就业促进中心副主任杨永华、湖南省就业服务管理局处长赵曙光、河南省人力资源社会保障厅调研员韩喜明、安徽省劳动就业服务管理局副处长任国胜、宁夏就业创业服务局副局长徐建成、山东青岛海洋大学创业学院副院长乔宝刚、北京万学科技教育集团执行总裁曾劲、湖南惠农电商研究院院长杨荣周、上海肯耐珂萨人才服务股份有限公司运营总监张弦、重庆新家道股份有限公司总经理魏欣、宁夏西部创业学院董事吕继仁、浙江绍兴职业技能指导中心创业培训师凌军、江西南昌科技师范大学副教授郑晓瑾、安徽阜阳职业技术学院创业培训师王西霞，对项目成果进行认真的审阅，并提出了宝贵的意见。

本书编审过程中难免有疏漏之处，恳请提出宝贵意见，便于我们进一步修订完善。

中国就业培训技术指导中心
2018 年 12 月